METODOLOGIA DE PESQUISA EM TRADUÇÃO E LINGÜÍSTICA DE CORPUS

Diva Cardoso de Camargo

METODOLOGIA DE PESQUISA EM TRADUÇÃO E LINGÜÍSTICA DE CORPUS

Instituto de Biociências, Letras e Ciências Exatas
Universidade Estadual Paulista
São José do Rio Preto – SP

2007

UNESP-Universidade Estadual Paulista
Reitor: Marcos Macari
Vice-Reitor: Herman Jacobus Cornelis Voorwald

IBILCE-Instituto de Biociências, Letras e Ciências Exatas
Diretor: Johnny Rizzieri Olivieri
Vice-Diretor: Carlos Roberto Ceron

Normalização bibliográfica: **Revisão textual:**
Maria do Carmo Junqueira   Eli Nazareth Bechara
                Capa: Elias C. Silveira

Conselho Editorial:

Titulares   **Suplentes**
Lidia Almeida Barros (Presidente)   Alagacone Sri Ranga
Sônia M. Oliani (Vice-Presidente)   Cláudia Márcia A. Carareto
Ali Messaoudi   Cristina Carneiro Rodrigues
Álvaro Luiz Hattnher   Marcos Antonio Siscar
Eliana Xavier L. de Andrade   Waldemar Donizete Bastos

CIP-BRASIL. CATALOGAÇÃO-NA-FONTE
SINDICATO NACIONAL DOS EDITORES DE LIVROS, RJ

C176m

Camargo, Diva Cardoso de
   Metodologia de pesquisa em tradução e linguística de corpus / Diva Cardoso de Camargo. - São Paulo : Cultura Acadêmica ; São José do Rio Preto, SP : Laboratório Editorial do IBILCE, UNESP, 2007.
   65p. : il. - (Brochuras ; v.1)

   Inclui bibliografia
   ISBN 978-85-98605-20-3

   1. Tradução e interpretação. 2. Linguística - Pesquisa - Processamento de dados. 3. Linguística - Metodologia. I. Título. II. Série.

07-3085.   CDD: 418.02
                  CDU: 81'322

14.08.07   14.08.07   003087

A meus pais, com tantas saudades...

A
Paulo, Márcia, Patrícia,
Ana Isabel e Ana Luísa,
meus amores

AGRADECIMENTOS

Aos professores e funcionários do Departamento de Letras Modernas, da UNESP/IBILCE; em especial ao Prof. Dr. Carlos Daghlian e à Profa. Dra. Lídia Almeida Barros, por todo o apoio.

À FAPESP, pelo auxílio 04/13154-7R

Ao CNPq, pelo auxílio 303029/2005-6.

Ao Prof. Dr. Antonio Paulo Berber Sardinha, pela competente supervisão durante o meu pós-doutorado, no LAEL, PUC/SP, e por me mostrar novas possibilidades de pesquisa em Lingüística de Corpus.

À Profa. Dra. Mona Baker, pela supervisão durante o meu pós-doutorado, na The University of Manchester, e por tudo o que me ensinou sobre os Estudos da Tradução Baseados em Corpus.

A todos os membros da equipe do projeto *PETra*, pela amizade e ambiente propício ao crescimento, ao debate e à pesquisa.

Aos meus filhos Paulo, Márcia e Patrícia, e às minhas netinhas Ana Isabel e Ana Luísa, por tudo, até hoje.

SUMÁRIO

Prefácio 11

Introdução 13

1 Conceitos Operacionais no âmbito dos Estudos da Tradução Baseados em Corpus 17
    1.1 Conceituação de Corpus Paralelo e Comparável 17
    1.2 Conceituação de Palavra, Vocábulo, Termo e Expressão Fixa 22

2 Percurso dos Estudos da Tradução Baseados em Corpus 27
    2.1 Os Estudos da Tradução Baseados em Corpus a partir dos Estudos Descritivos da Tradução 27
    2.2 Os Estudos da Tradução Baseados em Corpus a partir da Lingüística de Corpus 29
    2.3 A proposta de Baker 30

3 O programa Wordsmith Tools 35

4 Metodologia de pesquisas em tradução literária, especializada e juramentada 47
    4.1 Compilação dos corpora 47
    4.2 Procedimentos para pesquisas em tradução 50

5 A Tradução e a Lingüística de Corpus 59

Referências bibliográficas 63

PREFÁCIO

Em um artigo que escrevi há alguns anos (Berber Sardinha, 2002, p.15-59), notei que havia uma discrepância entre teoria e prática no tocante ao uso da Lingüística de Corpus nos Estudos da Tradução. De um lado, havia uma opinião geral muito positiva entre os proponentes do uso de corpora nos Estudos da Tradução: a Lingüística de Corpus poderia ajudar a resolver problemas práticos e a avançar aspectos teóricos. De outro lado, contudo, havia de fato pouco uso de corpora entre os praticantes e estudiosos da tradução; os levantamentos que fiz mostravam uma pequena fatia de trabalhos publicados efetivamente conduzidos com base em corpora. Em suma, havia uma 'uma demanda reprimida por ajuda especializada' (ibid:21). Concluí, então, que algo precisava ser feito para aproximar na prática (e não apenas na teoria) a Lingüística de Corpus e os Estudos de Tradução. Atualmente, parece-me que algum progresso foi feito, mas ainda há muito caminho pela frente, tanto em nosso país quanto no exterior.

Propus algumas hipóteses para enfrentar essa disjunção, como a diminuição de barreiras conceituais entre lingüistas e teóricos da tradução, que impedem a apreciação dos verdadeiros méritos (e limitações) dos corpora eletrônicos, e o trabalho de capacitação no uso da tecnologia de exploração de corpora.

A presente obra vem ao encontro dessas preocupações, ao lidar tanto com a teoria quanto com a metodologia do uso de corpora na pesquisa em tradução. Os conceitos são primeiro explicados de forma clara e precisa e a seguir são colocados em prática com o programa WordSmith Tools. A escolha desse ferramental de análise é muito apropriado, pois cremos que o WordSmith Tools seja o software mais usado pelos pesquisadores de corpus e tradução no país, principalmente entre os alunos. Ao mesmo tempo, o WordSmith Tools não é voltado exclusivamente à tradução, por isso é necessária ajuda especializada para que seu potencial seja plenamente aproveitado na investigação da tradução, o que a presente obra faz muito bem.

Como indica o título da obra, o foco é na metodologia da Lingüística de Corpus, o que é acertado, pois acredito que o maior atrativo da área, entre os iniciantes, está justamente nas suas aplicações práticas. Mesmo durante a ampla conceituação teórica, há sempre uma preocupação com a exemplificação e com a aplicação dos conceitos.

Este livro é único no mercado editorial brasileiro, pois apresenta uma área ainda nova, que são os Estudos de Tradução com base em corpora, de modo amplo e prático. É fruto da dedicação da Profa. Dra. Diva Cardoso de Camargo a todas as questões envolvidas no uso de corpora na tradução, desde a teoria, passando pela metodologia e chegando à tecnologia. Diva é atuante no campo da tradução há muitos anos, e esta obra é fruto de sua paixão pela pesquisa, tradução e Lingüística de Corpus.

Tony Berber Sardinha

INTRODUÇÃO

Um fator que, certamente, contribuiu para aumentar a importância da utilização de corpora na tradução advém de os estudos lingüísticos passarem a apresentar uma preocupação muito mais descritiva do que prescritiva, o que poderia, atualmente, apontar para um direcionamento não só no que o tradutor sabe sobre a língua de partida (LP) e a língua de chegada (LC), mas também para um maior interesse no que o tradutor faz com a LC. Por essa razão, tem-se observado uma tendência em se tomar por base exemplos autênticos, aumentando a necessidade do uso de corpora não somente para trabalhos de cunho lingüístico, em todos os seus níveis (morfológico, lexical, sintático, semântico e até pragmático) como, em especial, tem crescido acentuadamente o interesse pelo emprego de corpora compostos de textos traduzidos (TTs)[1] e de textos originalmente escritos numa determinada língua (TOs).

A necessidade de corpus para o estudo da língua e da tradução parece, de uma maneira geral, partir da variação intra- e interlingüística. Como se sabe, a língua não é um conjunto de rotinas e, sim, um contínuo diversificado de atividades sócio-interativas por meio das quais os indivíduos produzem e trocam sentidos em condições específicas. Desse modo, a variação é incontornável, tornando necessário o uso de corpora não apenas para a observação de atividades lingüísticas situadas, mas, sobretudo, para as investigações da linguagem da tradução.

---

[1] Independentemente das abordagens teóricas, empregamos, neste trabalho, a denominação de "texto traduzido" (TT) como sinônimo de "texto meta" (TM) ou "texto alvo" (TA); da mesma forma, a designação de "texto originalmente escrito numa dada língua" ou "texto original" (TO) corresponde a "texto de partida" (TP) ou "texto fonte" (TF). Analogamente, uso "língua de chegada" (LC) como correspondente a "língua meta" (LM) ou "língua alvo" (LA); e "língua de partida" (LP) como "língua fonte" (LF).

Até o início dos anos sessenta, não era possível prever quanto os estudos da tradução desenvolver-se-iam com a invenção do computador. Já na década de noventa, Sinclair (1992) revela que as pesquisas baseadas em corpora iriam causar um impacto considerável no campo da tradução:

> Espera-se que os novos recursos fornecidos pelo uso de corpus tenham um efeito profundo na tradução do futuro. Tentativas de tradução automática têm constantemente demonstrado aos lingüistas que eles não têm conhecimento suficiente sobre as línguas em questão para efetuar uma tradução aceitável. Em princípio, os corpora podem fornecer a informação [2]. (SINCLAIR, 1992, p. 395)

Na opinião de Baker (1999, p. 287), os estudos da tradução baseados em corpus tornaram-se um novo paradigma na área, atraindo, por isso, a atenção de teóricos de valor, estejam eles envolvidos em pesquisas baseadas em corpora ou não. Esse novo paradigma possibilita "a identificação de tipos de comportamento lingüístico que são específicos para textos traduzidos [...] os quais são gerados pelo processo de mediação durante a tradução"[3]. (BAKER, 1996, p. 178)

Amplia-se, pois, a importância de obras que divulguem estudos científicos e sistemáticos baseados em corpus, a fim de permitir um melhor entendimento das possibilidades e das limitações das trocas lingüísticas e culturais ocorridas no processo tradutório, uma melhor compreensão das convergências e divergências entre a LP e a LC, e uma percepção mais nítida do papel do tradutor e sua influência no processo tradutório.

---

[2] *The new corpus resources are expected to have a profound effect on the translation of the future. Attempts at machine translation have consistently demonstrated to linguists that they do not know enough about the languages concerned to effect an acceptable translation. In principle, the corpora can provide the information.*

[3] *To identify types of linguistic behaviour which are specific to translated text, [...] which are generated by the process of mediation during translation.*

No entanto, até o presente, a literatura na área mostra que os estudos da tradução baseados em corpus estão, ainda, em fase embrionária, sobretudo no Brasil. O iniciante não encontra à sua disposição um manual que transmita, em língua portuguesa, os seus fundamentos teóricos, como acontece em outros idiomas. Sente-se, pois, a necessidade de uma obra de referência em português, que concentre esses conhecimentos, que torne fácil a percepção das potencialidades de pesquisas em tradução a partir do uso de corpora, a compreensão dos modelos teóricos que fundamentam essas investigações, e que oriente o aprendiz nos primeiros passos para o desenvolvimento de análises semi-automáticas[4].

Este livro tem por objetivo preencher essa lacuna, apresentando, de modo simples, em língua portuguesa, os principais modelos teóricos e a metodologia, nos quais se apóiam os estudos da tradução baseados em corpus. Pretende ser uma ferramenta didática, um instrumento de ensino e aprendizado, tanto dos seus conceitos fundamentais como, também, dos passos básicos para o uso do programa computacional WordSmith Tools, com vistas à geração e análise de dados extraídos de corpora digitalizados de TTs. Seu público-alvo são tradutores, pesquisadores, professores, estudantes e demais profissionais que se dedicam ao estudo de atividades na área da tradução.

Os diferentes capítulos expõem, de modo progressivo, os conhecimentos no campo dos estudos da tradução e sua aplicação no exame de corpora de TTs, compilados em formato eletrônico, apoiando-se em bibliografia que contempla a produção de pesquisadores nacionais e estrangeiros. A obra organiza-se em cinco partes; na primeira, são abordados alguns conceitos operacionais iniciais; na segunda, é apresentado o percurso teórico da abordagem dos estudos da tradução baseados em

---

[4] A análise semi-automática de um corpus em formato eletrônico compreende a observação do(s) texto(s) por meio da extração de dados com o auxílio de ferramentas de busca, associada à intervenção do analista.

corpus, a partir da vertente dos estudos descritivos da tradução e da corrente de pensamento com base na lingüística de corpus, as quais conduzem à proposta de Baker (1993, 1995, 1996); na terceira, é apresentado o programa computacional WordSmith Tools[5]; na quarta, são expostos, de modo seqüencial, os passos a serem realizados para o desenvolvimento de pesquisas em corpora de TTs; e a quinta (e última parte) pretende ilustrar como o uso de corpora pode contribuir para um melhor entendimento da tradução e do fazer tradutório.

Com o objetivo de oferecer ao leitor que se inicia nos estudos da tradução baseados em corpus a possibilidade de entrar em contato direto com obras de autores considerados como referências obrigatórias na área, fizemos uso de inúmeras citações. Para maior fluidez da leitura dos textos, as citações em língua estrangeira foram traduzidas pela autora, e também transcritas em nota de rodapé, conforme constam nos respectivos originais.

Parte desta obra foi extraída ou adaptada de capítulos da nossa tese de livre-docência defendida, em 2005, na Universidade Estadual Paulista, câmpus de São José do Rio Preto.

O presente trabalho procura contribuir para a divulgação do arcabouço teórico dos estudos da tradução baseados em corpus, no Brasil e em outros países de língua portuguesa, e procura assentar as bases metodológicas para o desenvolvimento de pesquisas em TTs literários, especializados e juramentados, colaborando para a consolidação de espaços conquistados e para a implantação dessa abordagem interdisciplinar em novos ambientes.

---

[5] WORDSMITH Tools. Software for Windows 3.1, 95 e 98. Oxford University Press Versão "demo", com funções limitadas, disponível em: <http://www.liv.ac.uk/~ms2938>.

CONCEITOS OPERACIONAIS NO ÂMBITO DOS ESTUDOS DA TRADUÇÃO BASEADOS EM CORPUS

Dada a interface dos estudos da tradução baseados em corpus com a lingüística de corpus, faz-se necessário inicialmente apresentar, para o pesquisador que irá dedicar-se a investigações em corpus de TTs, a definição dos termos *corpus*, *corpus paralelo* e *corpus comparável* (item 1.1) bem como a conceituação de *palavra*, *vocábulo*, *termo* e *expressão fixa* (item 1.2).

1.1 Conceituação de Corpus Paralelo e Comparável

O embasamento teórico de trabalhos dentro da abordagem metodológica, a partir de subsídios de corpora apresenta pré-requisitos diversos para o modo de construção. A esse respeito, Berber Sardinha (2004) comenta que uma definição mais completa, por incorporar as características principais para a compilação de corpus em formato eletrônico, é a de Sánchez:

> um conjunto de dados lingüísticos (pertencentes ao uso oral ou escrito da língua, ou a ambos), sistematizados segundo determinados critérios, suficientemente extensos em amplitude e profundidade, de maneira que sejam representativos da totalidade do uso lingüístico ou de algum de seus âmbitos, dispostos de tal modo que possam ser processados por computador, com a finalidade de propiciar resultados vários e úteis para a descrição e análise. (SÁNCHEZ, 1995, p. 8-9) tradução de Berber Sardinha, 2004, p. 18.

Também a concepção de corpus fornecida por Baker (1995) explicita a preferência pela análise por meio de computador:

Corpus é um conjunto de textos naturais (em oposição a exemplos/sentenças), organizados em formato eletrônico, passíveis de serem analisados, preferencialmente, em forma automática ou semi-automática (em vez de manualmente)[6]. (BAKER, 1995, p. 226)

Como existem controvérsias a respeito da terminologia empregada para identificar os tipos de corpora, Baker (1995, p. 230) esclarece que podem ser utilizados três tipos principais em pesquisas na área da tradução:

• corpus paralelo – composto de TOs em uma determinada língua (língua de origem) e suas respectivas traduções em outra língua (língua de tradução). Esse tipo de corpus permite pesquisar traduções consagradas de certos itens lexicais ou estruturas sintáticas, peculiaridades de determinado(s) tradutor(es), diferenças entre traduções de um mesmo texto, produzidas em períodos diversos, normas tradutórias etc.

• corpus multilíngüe – consiste em um conjunto de dois ou mais corpora monolíngües, sendo cada corpus em uma língua diferente; e

• corpus comparável – consiste em dois conjuntos de textos em uma mesma língua: um composto de TOs e outro de TTs para a língua em questão, a partir de uma única LF ou de diversas LFs.

Outra definição de corpus comparável é a apresentada por Tognini-Bonelli (2001, p. 134-5). Para essa pesquisadora, o ideal é que seja composto de: 1) um corpus comparável de TOs na língua 1 (L1, por exemplo, a língua portuguesa); 2) um corpus de estudo com os TTs em questão (o qual pode ser ou não um corpus

---

[6] *Corpus mean*[s] *any collection of running texts (as opposed to examples/sentences), held in electronic form and analysable automatically or semi-automatically (rather than manually).*

paralelo[7]); e 3) um corpus comparável de TOs na L2 (por exemplo, a língua inglesa).

Devido às possibilidades oferecidas pelos corpora paralelos ao permitirem o exame dos TTs em relação aos respectivos TOs, mostra-se o tipo de corpus mais adequado para pesquisas em textos literários. Em virtude de os tradutores juramentados raramente guardarem os TOs, o tipo de corpus mais adequado para pesquisas sobre a tradução juramentada é o comparável, conforme indicado por Tognini-Bonelli (2001). Também este tipo de corpus permite uma investigação mais completa de textos técnicos ou especializados (CAMARGO, 2005).

No que tange aos corpora de referência, estes são utilizados para servirem de contraste com corpora paralelos ou comparáveis. Geralmente, são corpora grandes (com milhões de palavras), variados (com muitos gêneros) e razoavelmente equilibrados.

Dentre os principais corpora de referência da língua inglesa, destaca-se o British National Corpus[8] – BNC: os TOs em inglês são produzidos por autores falantes nativos de língua inglesa, e os tipos de texto predominantes são os de língua geral. É considerado um marco histórico porque foi o primeiro a conter cem milhões de palavras no inglês britânico, escrito e falado; ainda é, dentre os mega-corpora, o único disponível para compra. Contém um subcorpus de textos de ficção, com 485 arquivos com fragmentos de textos com a extensão de 40.000 a 50.000 palavras.

---

[7] Conforme explica Tognini Bonelli: *Step 2 in the process* [of comparison by means of a comparable corpus] *will consider L1 and L2 and will posit a* prima-facie *translation equivalence for each meaning/function.* [...] *If a parallel corpus is available, the process will be enriched by access to past translations. If this is not available, as in the case of this study, this step has to rely on information taken from traditional reference books such as dictionaries and grammars or past experience on the part of the analyst.* (TOGNINI BONELLI 2001, p. 134)

[8] BRITISH National Corpus: Written corpus design specification. OUP Promotional Document, Oxford: Oxford University Press. 1991.

O Translational English Corpus[9] – TEC contém TTs para o inglês compilados na íntegra, englobando quatro tipologias textuais: ficção, biografia, artigos de jornais e revistas de bordo. O tipo de texto predominante é o ficcional. As traduções armazenadas são realizadas por tradutores falantes nativos de língua inglesa, e a maior parte desses TTs foi feita a partir de 1983.

Dentre os corpora de referência da língua portuguesa, destaca-se o Banco de Português – BP, sediado no LAEL–PUC/SP. A versão 2.0 do BP possui 660 milhões de palavras, de português contemporâneo do Brasil. A preponderância é de textos acadêmicos (52%), jornalísticos (34%) e debates do congresso nacional (12%). Maiores informações estão no site do CEPRIL em <www2.lael.pucsp.br/corpora>.

O Lácio-Ref está sediado no Núcleo Interinstitucional de Lingüística Computacional – NILC, da USP/São Carlos. Com cerca de dez milhões de palavras, encontra-se disponível em <http: //www.nilc.icmc.usp.br/lacioweb/tipopesq.php>.

Para a formação de um corpus computadorizado, é necessário, ainda, terem-se em mente determinados pré-requisitos, dentre eles a representatividade, extensão, especificidade e adequação. No tocante à representatividade, duas questões podem ser enfocadas: "representativo do quê?" e "para quem?", as quais também estão atreladas à extensão do corpus. No entanto, não há critérios objetivos para se determinar a representatividade, dado que não se pode demonstrar, nesse estágio do conhecimento dos fenômenos de larga escala da linguagem, qual seria a dimensão total da população e, em decorrência, qual seria uma amostra representativa. Por essa razão, Berber Sardinha (2004) coloca que são "os usuários de um

---

[9] Translational English Corpus – TEC. Centre for Translation and Intercultural Studies – CTIS. The University of Manchester. Disponível para pesquisadores do CTIS em: <http://ubatuba.ccl.umist.ac.uk/tec/>.

corpus que atribuem a ele a função de ser representativo de certa variedade" (BERBER SARDINHA, 2004, p. 25), e enfatiza que "o ônus de demonstrar a representatividade da amostra e de ser cuidadoso em relação à generalização dos seus achados para uma população inteira é dos usuários" (BERBER SARDINHA, 2004, p. 25). Por sua vez, Marcuschi (2001) lembra que "a representatividade não é primeiramente uma questão de quantidade, e sim de seletividade dos dados, pois nem tudo na língua tem a mesma representatividade" (MARCUSCHI, 2001, p. 10).

No que concerne à especificidade, é considerada como um modo de atingir a representatividade, ao delimitar-se ao máximo a variedade incluída em um corpus (como, por exemplo, o tipo de texto). Em corpora contendo uma variedade específica da linguagem, ocorre maior padronização e, em decorrência, menor variação do léxico, gramática ou discurso. Já em corpora gerais ou de referência, é pequeno o número de textos de um domínio específico. Por esse motivo, "normalmente corpora compilados em pequena escala por pesquisadores individuais acabam sendo mais representativos do que os respectivos subcorpora dos corpora gerais" (BERBER SARDINHA, 2004, p. 28).

Além da representatividade, outro critério fundamental na composição de um corpus é a adequação aos interesses do pesquisador. A adequação é tomada como certa, pois "assume-se que o corpus com o qual se esteja lidando e as perguntas feitas sejam adequados aos propósitos da investigação" (BERBER SARDINHA 2004, p. 18). A respeito do problema central da adequação, Marcuschi não a coloca em termos de representatividade mas como "adequação a uma indagação específica" (MARCUSCHI, 2001, p. 10).

Desse modo, a composição e tamanho dos corpora a serem propostos para investigação deverão satisfazer os critérios acima, a fim de o pesquisador poder observar características da tradução literária, especializada ou juramentada.

1.2 Conceituação de Palavra, Vocábulo, Termo e Expressão Fixa

Dado que o contexto pode não ser suficiente para determinar o sentido desejado para *palavra, vocábulo, termo* e *expressão fixa*, e cujo emprego é freqüente nas pesquisas em tradução baseadas em corpus, torna-se importante especificar o sentido desses termos em investigações que se situam na interface da tradução e da lingüística de corpus.

Como modelo de realização no nível do sistema lingüístico, a *palavra*, segundo Barros (2004):

> é uma unidade lexical (unidade léxica), ou seja, é um signo lingüístico, composto de expressão e de conteúdo, que pertence a uma das grandes classes gramaticais (substantivo, verbo, adjetivo ou advérbio). Mais especificamente, as unidades terminológicas que têm sido objeto de pesquisa pertencem à classe dos substantivos. Estes são unidades semânticas básicas da língua e pertencem a um inventário aberto, um conjunto sempre em renovação. Nesse sentido, o termo e o vocábulo também são palavras ou unidades lexicais. (BARROS, 2004, p. 40)

Embora o termo *palavra* possa significar tanto item ou ocorrência (*token*) quanto forma ou vocábulo (*type*), quando nos referimos a palavras numa lista de freqüência, o sentido é o de *forma* (vocábulo), pois cada palavra da lista difere das demais. Conforme Baker (1995), o levantamento do número de vocábulos de um texto pressupõe a contagem de todas as palavras corridas no texto, e cada forma (vocábulo: *type*) é contada apenas uma vez[10].

Essa relação se dá por se compreender o *vocábulo* como um modelo de realização de palavras que o representam no texto (BARBOSA, 1990, p. 233). Desse modo, a palavra é uma

---

[10] Os procedimentos para a contagem de formas e itens no texto estão descritos mais detalhadamente no Capítulo 4. Metodologia de pesquisas em tradução literária, especializada e juramentada.

unidade do texto e o vocábulo é uma unidade do léxico (BARROS, 2004, p. 41).

Colocando *termo* em relação a *vocábulo*, Barros esclarece que, no âmbito da análise quantitativa de um texto,

> termo é um vocábulo, uma vez que é um modelo de realização lexical no texto. Seu caráter de termo se dá pelo fato de que designa um conceito específico de um domínio de especialidade. O conjunto terminológico presente nesse texto constitui, na verdade, um subconjunto do conjunto vocabular do mesmo. Assim, um termo é também um vocábulo, além de ser uma palavra. (BARROS, 2004, p. 42)

O uso é, também, um critério importante no exame dos sintagmas, visto que nele se levam em conta o caráter único e constante do significado, a estabilidade da relação entre a seqüência sintagmática e um significado único. De acordo com Barros (2004), o emprego prolongado de uma seqüência sintagmática conduz a uma integração semântico-sintática muito forte e à memorização por parte dos usuários. O sintagma adquire, assim, uma estabilidade de forma e de sentido.

Outro critério importante é o levantamento de freqüências dado que as palavras não são dispostas de modo uniforme nos textos. Dentro de uma visão probabilística, Sinclair (1987, 1991) e Halliday (1992, 1994) enfatizam que a linguagem é um sistema probabilístico, cuja face mais notável é a freqüência de uso das palavras. Também Berber Sardinha (2004) compartilha dessa visão, ao colocar que a

> freqüência é um atributo inseparável da palavra, pois revela a sua ocorrência observada em uso. A freqüência de uso (alta, baixa, intermediária etc.) tem um papel definidor da palavra, fornecendo a ela um traço tão inseparável quanto o sentido. (BERBER SARDINHA, 2004, p. 162-163)

Para o estudo de padrões estilísticos de tradutores nos TTs, ou de autores nos TOs, respectivos ou não, a observação de coocorrências de duas ou mais palavras é fundamental, porquanto algumas palavras mostram-se mais ligadas a determinadas palavras do que a outras. Dentre os autores que buscaram evidências de uma regularidade, ou seja, de padrões do léxico, destacam-se Hunston e Francis (2000) para quem:

> Os padrões de uma palavra podem ser definidos como todas as palavras e estruturas com as quais são regularmente associados e que contribuam para seu significado. Um padrão pode ser identificado se uma combinação de palavras ocorre com relativa freqüência, se é dependente de uma palavra específica, e se há um significado claro associado[11]. (HUNSTON; FRANCIS, 2000, p. 37) tradução de Berber Sardinha, 2004, p. 39-40.

Esses padrões podem estar relacionados a três conceitos principais (BERBER SARDINHA, 2004, p. 40):

• Colocação: associação entre itens lexicais, ou entre o léxico e campos semânticos. Ex.: *stark* associa-se a *contrast*; *jam* relaciona-se a *tarts, butty* e *doughnuts*.

• Coligação: associação entre itens lexicais e gramaticais. Ex.: *start* é mais comum com sintagmas nominais e orações com *-ing*, enquanto *begin* é mais usado com um complemento *to*.

• Prosódia semântica: associação entre itens lexicais e conotação (negativa, positiva ou neutra) ou instância avaliativa. Ex.: *cause* tem uma prosódia semântica negativa, pois associa-se com *problem(s), death(s), disease, concern e cancer;* já *provide* possui prosódia semântica positiva ou neutra, dado que se associa com *assistance, care, job, opportunities* e *training*.

Com referência à "equivalência funcional", Halliday (1992) enfatiza que:

> se sentido é função em contexto [...], então equivalência de sentido é equivalência de função em contexto. O que o

---

[11] *The patterns of a word can be defined as all the words and structures which are regularly associated with the word and which contribute to its meaning. A pattern can be identified if a combination of words occurs relatively frequently, if it is dependent on a particular word choice, and if there is a clear meaning associated with it.*

tradutor faz quando traduz ou interpreta é tomar decisões, o tempo todo, a respeito de qual é o contexto relevante em que essa equivalência funcional se estabelece"[12]. (HALLIDAY, 1992, p. 16)

A visão da linguagem formada por idiomas ou porções lexicais (*chunks*) é compartilhada por vários autores. Para Tognini-Bonelli (2001), é importante observar a sistematicidade de padrões colocacionais e coligacionais, a prosódia semântica, e a sua rede de equivalências em um dado par lingüístico. A autora considera:

> a unidade expandida de sentido em que padrões colocacionais e coligacionais (respectivamente escolhas lexicais e gramaticais) estão entrelaçados para formar uma multipalavra (*multi-word unit*) com uma preferência semântica específica, associando o padrão formal a um campo semântico, e a uma prosódia semântica identificável, desempenhando uma função pragmática e atitude avaliativa no discurso[13]. (TOGNINI-BONELLI, 2001, p. 134-5)

Notadamente, Baker (1992, p. 63) trata das *expressões fixas*, que se constituem em padrões cristalizados (*frozen*) da língua que permitem pouca ou nenhuma variação na forma, como por exemplo: *as a matter of fact, all the best*. Situam-se nos pontos extremos da escala abrangida pelas colocações, estas vistas pela teórica (BAKER 1992, p. 14) como padrões relativamente flexíveis da língua que permitem variações na

---

[12] *If meaning is function in context [...], then equivalence of meaning is equivalence of function in context. What the translator is doing when translating or interpreting is taking decisions all the time about what is the relevant context within which this functional equivalence is being established.*

[13] *The extended unit of meaning where collocational and colligational patterning (that is lexical and grammatical choices respectively) are intertwined to build up a multi-word unit with a specific semantic preference, associating the formal patterning with a semantic field, and an identifiable semantic prosody, performing an attitudinal and pragmatic function in the discourse.*

forma, como: *deliver a letter, delivery of a letter, a letter has been delivered, having delivered a letter*.

Fórmulas situacionais ou de registro específico, como: *The present agreement; Many happy returns; Yours sincerely; In witness whereof, I set my hand and seal, on the date and in the city first mentioned*; "nos termos do presente Contrato"; "Em testemunho do quê"; "Certifico e Dou Fé"; "desde já, agradecemos a atenção dispensada" são também bons exemplos do status especial que uma expressão fixa ou unidade fraseológica pode assumir na comunicação. Dessa forma, a noção de *expressão fixa* é a de que são conjuntos de palavras que apresentam seqüências fixas e, como os *idiomas*, devem ser tratadas como um vocábulo formado por um único item.

Por sua vez, quando formarem uma unidade lexical designando um conceito específico dentro de um contexto dado e de um domínio de especialidade, passam ao estatuto de termos complexos na Terminologia (BARROS, 2004).

Outrossim, a língua forma agrupamentos de palavras que se apresentam com regularidade, mostrando ser, na verdade, um "sintagma lexical recorrente" ou um "padrão lexical recorrente". Para o estudo de corpora de TTs, considera-se relevante a observação de padrões lexicais recorrentes para identificar características da linguagem da tradução, e diferenças entre o estilo do tradutor e o estilo do autor. Nesse aspecto, um sintagma lexical recorrente assume o estatuto de expressão fixa ao ter, além da estabilidade, um grau de fixação entre os seus elementos constituintes.

2

PERCURSO DOS ESTUDOS DA TRADUÇÃO BASEADOS EM CORPUS

Para tornar clara a inserção das duas abordagens teórico-metodológicas para análises a partir de subsídios de corpora de tradução, faz-se necessário abordar: 1) o percurso teórico da vertente dos estudos descritivos da tradução (item 2.1); e 2) o percurso da corrente de pensamento com base na lingüística de corpus (item 2.2), os quais conduzem à proposta de Baker (1993) (item 2.3).

2.1 Os Estudos da Tradução Baseados em Corpus a partir dos Estudos Descritivos da Tradução

Esse percurso teórico se inicia na década de sessenta, com o conceito de "mudança", de Catford[14] (1969). Considera o teórico ser tarefa central da teoria da tradução tratar tanto da natureza da equivalência tradutória como da diferença entre a equivalência textual e a correspondência formal. Como a correspondência formal só pode ser aproximada, é mais fácil estabelecê-la em níveis mais altos de abstração, a fim de analisar os desvios que ocorrem ao traduzir da LP para a LC. Do grau de desvios observados em traduções individuais, advém o conceito de mudança, inserido em um quadro teórico dicotômico.

Na tradição de estudos descritivos da tradução, Even-

---

[14] A primeira edição foi publicada em 1965.

Zohar, em 1978[15] (VENUTI, 2000, p. 192-197), tendo iniciado a teoria dos polissistemas, e Toury, nesse mesmo ano [16] (VENUTI, 2000, p. 198-211), tendo proposto o conceito de normas, abandonam a análise de desvios em traduções isoladas e mudam o enfoque para a cultura de chegada, passando a privilegiar o estudo de padrões que regem o sistema da tradução literária em interação com os demais sistemas de produção textual de uma dada cultura. Toury retoma o conceito de mudança num modelo ternário: entre as opções oferecidas pela competência e desempenho do tradutor em contato com o texto fonte (TF), admite um terceiro conjunto de opções determinadas pelas normas sócio-históricas da cultura de chegada, responsáveis pelas mudanças na tradução. De acordo com Toury, as normas tradutórias e a posição ocupada pela tradução, tanto a atividade quanto os produtos tradutórios, encontram-se em relação de interdependência na cultura de chegada. Outrossim, Toury teria sido um dos primeiros estudiosos a lançar as futuras bases para os estudos da tradução a partir de corpora, bem como a antever a importância de um estudo comparativo da natureza das normas tradutórias e das normas que regem os textos não traduzidos, a fim de se chegar a uma contextualização adequada do ato tradutório e da tradução.

    A partir dessa corrente de pensamento nas áreas de investigação da tradução, em especial dos trabalhos de Toury, é que Baker (1993) irá lançar a sua proposta de estudos da tradução baseados em corpus. Dentro dessa perspectiva, a autora defende a investigação de características dos TTs como sendo o principal objetivo da disciplina de estudos da tradução.

---

[15] Publicado originalmente com o título "The position of translated literature within the literary polysystem" na obra HOLMES, J. S.; LAMBERT, J; van den BROECK, R. (Ed.). *Literature and translation*. Leuven: ACCO, 1978, p. 117-127.

[16] Publicado originalmente com o título "The nature and role of norms in literary translation" na obra HOLMES, J. S.; LAMBERT, J; van den BROECK, R. (Ed.). *Literature and translation*. Leuven: ACCO, 1978, p. 83-100.

2.2 Os Estudos da Tradução Baseados em Corpus a partir da Lingüística de Corpus

No tocante ao segundo percurso teórico, destaca-se a relevância da lingüística de corpus e a sua contribuição para a consolidação dos estudos da tradução enquanto disciplina *per se*.

A respeito da área de atuação da disciplina, Berber Sardinha (2000) entende que:

> A lingüística de corpus ocupa-se da coleta e exploração de corpora, ou conjunto de dados lingüísticos textuais que foram coletados criteriosamente com o propósito de servirem para a pesquisa de uma língua ou variedade lingüística. Como tal dedica-se à exploração da linguagem através de evidências empíricas extraídas por meio de computador. (BERBER SARDINHA, 2000, p. 325)

Um novo universo de estudos tem-se aberto com o desenvolvimento de ferramentas eletrônicas e o tratamento computacional da língua, com diferentes finalidades e aplicações. O alcance e o impacto dessa nova perspectiva evidenciam-se também na área da tradução pela enorme quantidade de pesquisas e publicações que utilizam esses recursos e metodologias adequadas para investigações em corpus de TTs.

Em decorrência, tem aumentado, no Brasil e no mundo, cada vez mais, a necessidade de pesquisas usando corpora em formato eletrônico nos vários campos de investigação, quer de cunho acadêmico, em especial na áreas da tradução, lexicologia e terminologia, quer para fins comerciais. Desse modo, a situação das universidades brasileiras tem mudado devido tanto à influência, no exterior, da pesquisa baseada em corpus de formato eletrônico, como ao intercâmbio crescente com centros, no exterior, onde a lingüística de corpus, os estudos da tradução, a lexicologia e a terminologia já estão mais desenvolvidos.

Desse modo, os estudos da tradução baseados em corpus têm contribuído de forma dinâmica para os estudos da tradução como um todo, uma vez que os dados podem ser distribuídos e manipulados de vários modos, por meio de métodos e técnicas diferentes de processamento da lingüística de corpus, utilizando listas de palavras, palavras-chave e concordâncias, que permitem ao analista observar ocorrências, compará-las, aceitar ou refutar hipóteses.

2.3 A proposta de Baker

Partindo das conquistas de Even-Zohar (VENUTI, 2000, p. 192-197), relativas ao enfoque no sistema da literatura traduzida, e de Toury (VENUTI, 2000, p. 198-211), referentes a normas que governam esses sistemas bem como às bases iniciais para pesquisas em corpora de TTs (cf. item 2.1), vale-se também Baker (1993) de uma nova "virada" dentro dos estudos lingüísticos para fundamentar a constituição da disciplina de estudos da tradução por meio da natureza do TT. Devido à mudança de uma perspectiva conceitual e semântica da linguagem (com estudos baseados na introspecção) para uma perspectiva situacional e de uso da linguagem (com estudos voltados para o contexto), essa virada leva a uma mudança nos métodos de investigação dos estudos lingüísticos, passando a solicitar o acesso a dados reais e a uma grande quantidade de dados para observações sobre o uso da linguagem.

Desse modo, para lançar a sua proposta de estudos da tradução baseados em corpus, Baker (1993), além da vertente dos estudos descritivos da tradução fornecida, sobretudo, por Toury (VENUTI, 2000, p. 198-211), também se apóia na corrente de pensamento oferecida pela lingüística de corpus, especialmente pelas contribuições de Sinclair (1991).

Dentre as possíveis generalizações que foram propostas, em virtude de a utilização de corpora eletrônicos paralelos ou comparáveis possibilitar maior amplitude e funcionalidade para estudos da natureza da tradução, as investigações lideradas por Baker têm detectado certas características ou traços recorrentes que não são resultado da interferência de sistemas lingüísticos específicos, e que se apresentam tipicamente nos TTs, mas não em TOs (BAKER, 1996, p.180-184), a saber:

(1) *Simplificação*: tendência em tornar mais simples e de mais fácil compreensão a linguagem empregada na tradução. Evidências podem ser encontradas nos TTs em relação aos TOs, como repetição de palavras e mudança na pontuação para trazer maior clareza ao enunciado (mas, não necessariamente, empregar uma linguagem mais explícita). A simplificação também envolve o menor comprimento das frases nos TTs; e a substituição de ambigüidades existentes nos TOs, de modo a torná-las mais precisas nos TTs. Duas medidas possíveis de traços de simplificação são fornecidas pela razão forma/item (*type/token ratio*) e pela densidade lexical. A razão forma/item é uma medida da variação vocabular presente num texto ou corpus[17]. Outra maneira de se considerar a densidade lexical é possível, ao obter-se a proporção de palavras de conteúdo em oposição a palavras gramaticais de um corpus: em ocorrendo, no modo de construir os TTs, o emprego de mais redundância, por meio do maior número de palavras gramaticais e menor de palavras lexicais, haveria uma indicação do uso de traços de simplificação para tornar os TTs mais compreensíveis para o leitor da LC.

(2) *Explicitação*: tendência geral em explicar e expandir dados do TO, por meio de uma linguagem mais explícita, mais clara para o leitor do TT. Manifestações dessa tendência podem ser expressas sintática e lexicalmente, e podem ser observadas habitualmente, em relação aos TOs, como a maior extensão dos TTs, o emprego exagerado de vocabulário e de conjunções coordenativas explicativas.

(3) *Normalização* ou *conservacionismo*: tendência para exagerar características da LM e para adequar-se aos seus padrões típicos.

---

[17] No Capítulo 4, encontram-se detalhados os passos para obter o cálculo da distribuição de padrões de uso do vocabulário em termos da razão forma/item.

Pode ser observada tanto no nível de palavras individuais ou de colocações (normalização lexical) como na pontuação e no uso de clichês e estruturas gramaticais convencionais nos TTs.

(4) *Estabilização*: tendência para a tradução localizar-se no centro de um contínuo, evitando-se os extremos. Diferentemente da normalização, que é dependente da LM ao exagerar suas características nos TTs, o processo de estabilização não é dependente nem da LM nem da LF. Manifestações podem ser encontradas, por exemplo, na tendência de os tradutores empregarem a linguagem culta nas marcas da linguagem oral utilizadas pelo autor do TO para caracterizar determinados personagens (CAMARGO, 2005).

Desse modo, as quatro hipóteses de simplificação, explicitação, normalização e estabilização poderiam indicar que as características lingüísticas presentes nos TTs também variam de acordo com fatores extralingüísticos, dentre outros: estratégias de publicação, finalidade dos TTs, limitações dos clientes e intermediários, injunções do mercado editorial, normas de tradução presentes na cultura da LM.

O enfoque comparativo ou contrastivo em corpora eletrônicos paralelos ou comparáveis têm contribuído ativamente para a teoria da tradução, ao procurar elucidar a natureza dos TTs e o processo tradutório, objetos esses essenciais para delimitar os objetivos e a área de atuação da disciplina. Dessa maneira, ao invés de exames de TTs voltados apenas para o levantamento de características distintivas do TO, a fim de reproduzi-las na tradução, ou do levantamento de desvios da norma por parte do tradutor, novos horizontes têm sido abertos aos estudos da tradução por meio de contribuições da lingüística de corpus, permitindo que se proponham diferentes investigações sobre o estilo de determinado tradutor, ou grupo de tradutores, ou corpus de material traduzido que pertença a um dado período ou a diferentes tipologias textuais. Como decorrência, a presença do tradutor no texto ou, mais especificamente, de traços individuais dessa presença poderão vir a fazer parte da literatura sobre tradução. Nesse sentido, a pesquisa de corpora de TTs tem trazido importantes contribuições para a prática tradutória ao procurar descrever o que o tradutor realmente faz com a LC.

Com esse propósito, tanto a apresentação do programa WordSmith Tools como a abordagem interdisciplinar proposta no Capítulo 4. Metodologia de pesquisas em tradução literária, especializada e juramentada, a seguir, buscam propiciar o desenvolvimento de investigações em corpora de TTs em formato eletrônico envolvendo o português como uma das direções tradutórias, de modo a aplicar uma metodologia de pesquisa com base nos estudos da tradução baseados em corpus e nos princípios da lingüística de corpus.

3

O PROGRAMA WORDSMITH TOOLS

Os capítulos anteriores abordaram os principais conceitos e a fundamentação teórica que apóiam os estudos da tradução baseados em corpus. O próximo passo é dispor de um programa que possa, realmente, ajudar o pesquisador no levantamento e na análise dos dados. Este capítulo pretende oferecer uma breve apresentação do WordSmith Tools[18], um programa de computador de grande utilidade para auxiliar na descrição da linguagem da tradução a partir de um ou mais corpora de textos em formato eletrônico. No Capítulo 4, estão detalhados os passos metodológicos usando esse programa para o desenvolvimento de investigações em textos literários, em textos especializados e em textos traduzidos no modo juramentado.

O WordSmith Tools, criado por Mike Scott, teve os seus protótipos lançados em pequenas escalas há pelo menos sete anos pela Oxford University Press. A versão 4, a mais atual, pode ser obtida apenas pela Internet, no endereço:

<http://www.lexically.net/wordsmith/>
Clicar em <download Version 4>

Somente a versão demo (restrita) está disponível; caso o usuário tenha interesse, após baixar a versão demo, deve efetuar o pagamento da licença para receber um código e poder, então, ter acesso ao programa completo.

---

[18] Para uma descrição detalhada do software WordSmith Tools, consultar o Capítulo 3, p. 83-112, da obra *Lingüística de Corpus*, de Berber Sardinha (2004).

O WordSmith Tools é composto de três ferramentas: WordList, KeyWords e Concord, as quais são mais comumente utilizadas para obter:

1. WordList:

a. Listas de palavras individuais por ordem de freqüência,

b. Listas de palavras individuais por ordem alfabética, e

c. Listas de estatísticas simples a respeito dos dados:

- razão forma/item (FI: *type/token ratio*), e
- razão forma/item padronizada (*standardised type/token*)

Razão FI: o programa faz o cálculo, no texto ou corpus, de quantas são as palavras corridas (itens: *running words* ou *tokens*) e também de cada forma (vocábulo: *type*).

Razão FI padronizada: apropriada para textos de comprimento diferente, porque o cálculo é feito, geralmente, a cada 1000 palavras.

2. KeyWord

a. Seleção de itens de

- uma lista ou listas de palavras individuais por meio da comparação de suas freqüências, com
- uma lista de um corpus de referência: BNC, TEC, BP, Lácio-Ref.

b. Extração de lista de palavras-chave (*database*), geralmente por estatística *log-likelihood*.

3. Concord

a. Concordâncias ou listagens das ocorrências de uma palavra específica

(= nódulo ou palavra de busca, acompanhada do cotexto ao seu redor)

b. Listas de colocados: palavras recorrentes à esquerda e à direita dos nódulos;

c. Listas de agrupamentos lexicais (*clusters*):

Expressões fixas e semi-fixas extraídas a partir das listas de seqüências fixas de palavras recorrentes na concordância.

A seguir, apresentamos uma série de figuras que mostram as telas do WordSmith Tools (WST), com os principais comandos a serem operacionalizados para pesquisas em tradução.

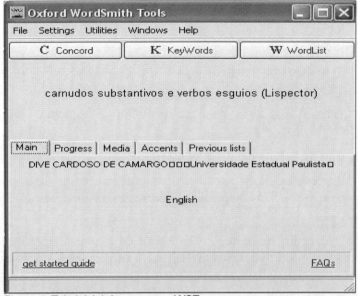

Figura 1: Tela inicial do programa WST, em que aparecem os comandos para as 3 ferramentas. Nesse caso, clique em <W WordList>

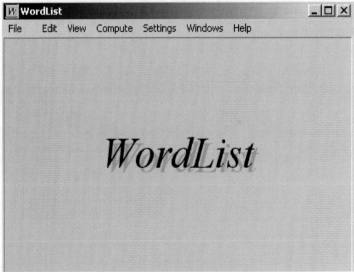

Figura 2: Tela inicial da ferramenta WordList: clique em <File>

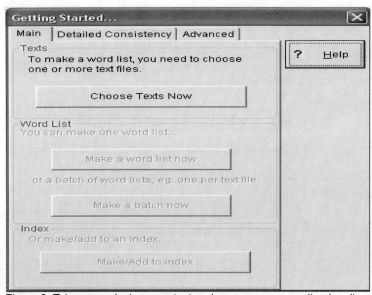

Figura 3: Tela para selecionar os textos do corpus a ser analisado: clique em <Choose texts now>

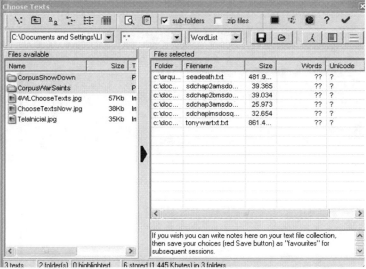

Figura 4: Tela com um exemplo de textos selecionados para análise

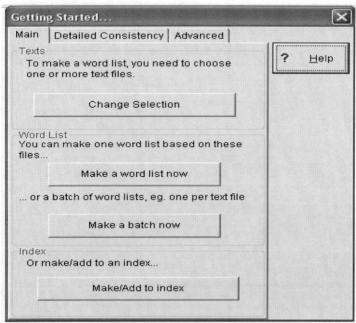

Figura 5: Tela para gerar a lista de palavras dos textos selecionados: clique em <Make a Word list now>

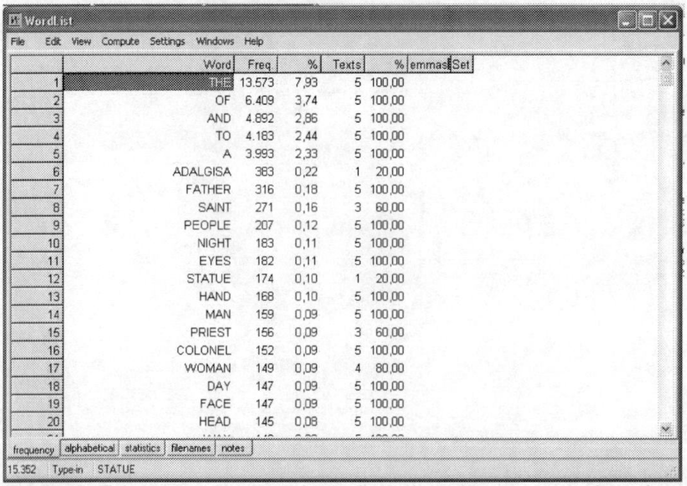

Figura 6: Tela com um exemplo de lista de palavras por ordem de freqüência

	Word	Freq.	%	Texts	%	emmas	Set
1	A	678	2,84	4	100,00		
2	ABANDONING	1		1	25,00		
3	ABILITY	1		1	25,00		
4	ABLE	3	0,01	3	75,00		
5	ABOUNDED	1		1	25,00		
6	ABOUT	44	0,18	4	100,00		
7	ABREAST	1		1	25,00		
8	ABSCESSES	1		1	25,00		
9	ABSENCE	1		1	25,00		
10	ABSOLUTELY	3	0,01	2	50,00		
11	ABSTAINING	1		1	25,00		
12	ABSURD	1		1	25,00		
13	ABSURDITY	1		1	25,00		
14	ABUSED	1		1	25,00		
15	ABUSING	1		1	25,00		
16	ACCENT	1		1	25,00		
17	ACCEPT	2		2	50,00		
18	ACCEPTED	4	0,02	3	75,00		
19	ACCESSORIES	1		1	25,00		
20	ACCIDENT	1		1	25,00		

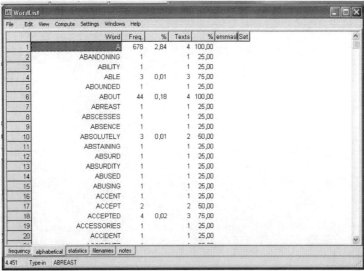

Figura 7: Tela com um exemplo de lista de palavras por ordem alfabética

	0	1	2	3	4	5
text file	overall	ebrlinh.txt	ebrlinh.txt	ebrlinh.txt	ebrlinh.txt	ywartxt.txt
file size	998.433	39.365	39.034	25.973	32.654	861.407
tokens (running words) in text	171.251	6.911	6.712	4.595	5.655	147.378
tokens used for word list	171.180	6.904	6.704	4.583	5.646	147.343
types (distinct words)	15.481	1.921	2.080	1.429	1.664	14.367
type/token ratio (TTR)	9,04	27,82	31,03	31,18	29,47	9,75
standardised TTR	49,09	48,63	49,22	47,72	48,32	49,16
standardised TTR std.dev.	50,24	42,38	41,29	40,85	41,65	49,98
standardised TTR basis	1.000	1.000	1.000	1.000	1.000	1.000
mean word length (in characters)	4,58	4,34	4,45	4,29	4,42	4,61
word length std.dev.	2,40	2,21	2,27	2,17	2,32	2,42
sentences	8.318	389	339	298	278	7.014
mean (in words)	20,58	17,75	19,78	15,38	20,31	21,01
std.dev.	14,29	13,20	17,00	11,31	15,20	14,22
paragraphs	587	8	3	1	7	568
mean (in words)	291,62	863,00	2.234,67	4.583,00	806,57	259,41

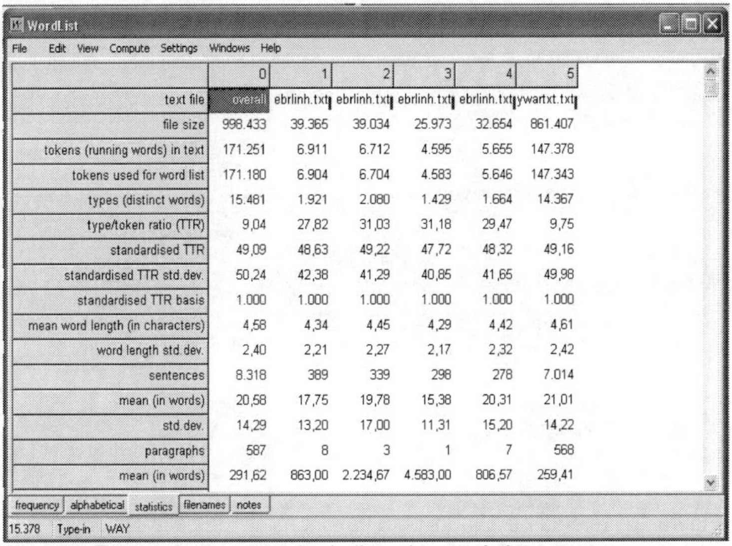

Figura 8: Tela com um exemplo de lista de estatísticas

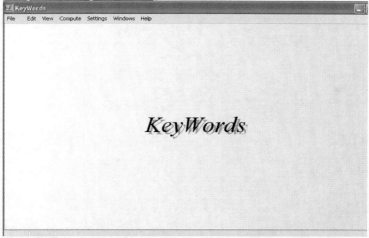

Figura 9: Tela inicial da ferramenta KeyWords: clique em <File>

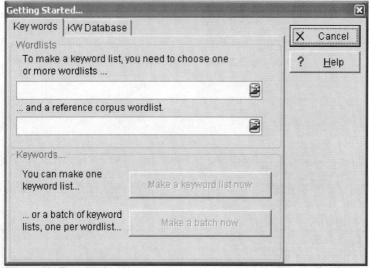

Figura 10: Tela da KeyWords para buscar a lista de palavras do corpus de estudo e também a lista de palavras do corpus de referência, no caso de pesquisas que necessitem obter a lista de palavras-chave

		Contratos de compra e venda→português	FSP (1994-1996)	
N	PALAVRA	FREQ.	FREQ.	CHAVICIDADE
1	VENDEDOR	1.478	1.667	16.197,40
2	COMPRADOR	1.371	1.752	14.774,50
3	CONTRATO	1.205	14.263	8.307,40
4	INSTRUMENTO	704	3.724	5.907,40
5	TERMOS	621	6.800	4.369,10
6	CLAUSULA	444	1.181	4.262,60
7	ADENDO	232	81	2.863,70
8	PARTES	342	5.303	2.178,90
9	OBRIGAÇÕES	243	1.020	2.139,30
10	DATA	377	11.549	1.911,30

Tabela 1: Dez palavras-chave com freqüência significativamente maior no corpus de contratos

		Contratos em geral→inglês	BNC	
N	PALAVRA	FREQ.	FREQ.	CHAVICIDADE
1	AGREEMENT	269	12.882	1.666,10
2	RESELLER	109	142	1.391,10
3	RECIPIENT	114	628	1.178,00
4	SECTION	115	18.258	446,6
5	MATURITY	48	1.379	344,7
6	PRODUCTS	79	10.350	335,5
7	AGENTS	57	3.612	321,6
8	DATE	86	17.047	298,3
9	INSTALLMENT	19	5	277,7
10	OBLIGATIONS	43	1.861	274,5

Tabela 2: Dez palavras-chave com freqüência significativamente maior no corpus de agreements

Figura 11: Tela com um exemplo de lista de palavras-chave que ocorrem com maior freqüência no corpus de estudo do que no corpus de referência de língua geral

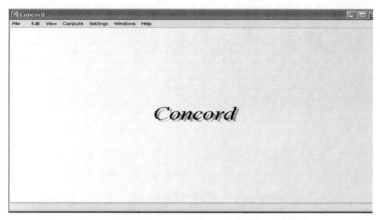

Figura 12: Tela inicial da ferramenta Concord: clique em <File>

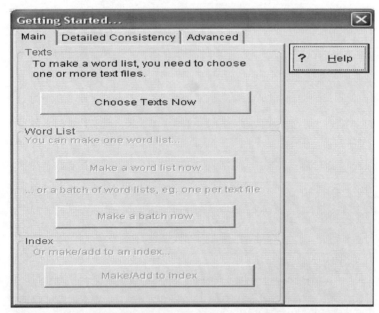

Figura 13: Tela para selecionar os textos do corpus a ser analisado: clique em <Choose texts now>

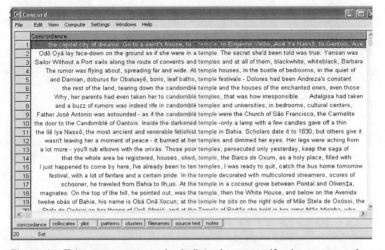

Figura 14: Tela com um exemplo de lista de concordâncias com a palavra de busca, acompanhada do seu cotexto

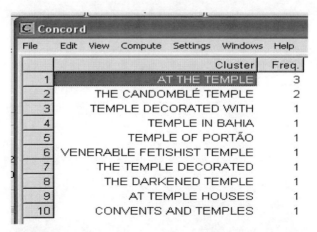

Figura 15: Tela com um exemplo de *cluster*, contendo uma amostra de agrupamentos de uma palavra de busca a partir da lista de seqüências fixas com três palavras recorrentes

Figura 16: Tela com exemplo de glossário bilíngüe, a partir de linhas de concordância extraídas dos corpora de estudos e comparáveis

4

METODOLOGIA DE PESQUISAS EM TRADUÇÃO LITERÁRIA, ESPECIALIZADA E JURAMENTADA

A abordagem interdisciplinar aqui adotada situa-se no campo dos estudos da tradução baseados em corpus, consoante a proposta de Baker (1993, 1995, 1996, 2000, 2004). Por sua vez, como os estudos baseados em corpus oferecem diversas possibilidades de análise, além da proposta de Baker, sugerimos também diferentes observações, específicas para pesquisas sobre tradução de textos literários, de textos especializados e de textos traduzidos no modo juramentado.

4.1 Compilação dos corpora

Tantos os estudos da tradução baseados em corpus quanto a lingüística de corpus estão condicionados à tecnologia, a fim de possibilitarem o armazenamento de corpora e também a sua exploração. Por essa razão, é essencial o uso de ferramentas de busca para análise de corpus, destacando-se o WordSmith Tools como o conjunto de ferramentas mais completo e versátil dentre os programas computacionais existentes atualmente. Também para que o pesquisador possa iniciar suas investigações, é preciso dispor de um corpus em formato eletrônico.

O *tratamento informático dos textos* pode ser obtido por meio de escaneamento, utilizando o Reconhecimento Ótico de Caracteres (OCR), seguido da revisão dos textos escaneados, com a correção de caracteres erroneamente reconhecidos pelo OCR. Depois, todos os textos deverão ser salvos no tipo de texto sem formatação ("txt"), para processamento pelo programa WordSmith Tools.

Outra forma de criação de um corpus é a *obtenção de textos via Internet*, mais especificamente por meio da World Wide Web: <http://www.webcorp.org.uk>. A Web é uma fonte potencial de coleta de textos, por permitir acessar as páginas desejadas e salvar os arquivos no computador. No entanto, não é um procedimento eficiente para coleta de grandes quantidades de textos nem para coletas sistemáticas. Em virtude das vantagens que oferece, a Web, segundo Berber Sardinha (2006), tem sido cada vez mais usada como corpus, em virtude de ser: variada, imensa, sempre atualizada e possuir gêneros digitais novos. Em contrapartida, a Web como corpus apresenta desvantagens devido a: falta de gêneros falados, preponderância de assuntos relacionados à computação, falta de referência dialetal, "erros' que se propagam, idiossincrasias e falta de instrumentos eficazes de busca lingüística.

No que concerne ao *tipo de corpus e ao tipo de texto*, mostra-se indicada a construção de:

- corpus de estudo paralelo para a tradução de textos literários: o ideal é que seja composto de (CAMARGO, 2005, Pesquisa 2, p. 178-287): 1) um subcorpus de estudo com os TTs do tradutor literário selecionado para análise; 2) um subcorpus de estudo com os respectivos TOs; e 3) corpora de comparação paralelos com os TTs de outros tradutores literários e com os respectivos TOs do mesmo autor do corpus de estudo. Esse conjunto de corpora permite que se estabeleça como os tradutores superam as dificuldades na prática tradutória; possibilita, mais objetivamente, a identificação e a comparação de padrões de estilo individuais, distintivos, preferenciais e recorrentes dos tradutores literários em relação ao estilo do autor (ou autores, em pesquisas de maior abrangência); além de contribuir para a elaboração de glossários de vocábulos acompanhados do seu cotexto, referentes, por exemplo, à temática das obras analisadas ou a marcadores lingüísticos culturais (em obras de cunho regionalista).

- corpus comparável para o estudo da tradução de textos especializados: o ideal é que seja formado por (TOGNINI-BONELLI, 2001, p. 134-5): 1) um corpus comparável de TOs na L1 (por exemplo, a língua portuguesa); 2) um corpus de estudo com os TTs em questão (o qual pode ser ou não um corpus paralelo); e 3) um corpus comparável de TOs na L2 (por exemplo, a língua inglesa). Esse tipo de corpus permite uma investigação mais completa de textos técnicos ou especializados; possibilita identificar padrões que são ou restritos ao TT ou que ocorrem em freqüências significativamente mais altas ou mais baixas no TT do que em relação aos TOs; além de contribuir para a elaboração de glossários de termos especializados acompanhados do seu cotexto, os quais aparecem com maior freqüência na linguagem de especialidade representada nos TTs e TOs selecionados para análise.

- corpus comparável para o estudo da tradução de textos traduzidos no modo juramentado (CAMARGO, 2005, Pesquisa 3, p. 288-388): 1) um corpus comparável de TOs na L1; 2) um corpus de estudo apenas com os TTs em questão; e 3) um corpus comparável de TOs na L2. Para o exame desse tipo de tradução, não é possível a construção de um corpus de estudo com os respectivos TOs, porque, raramente, são encontrados devido a algumas características da própria tradução juramentada: (a) determinados subtipos de texto (como no caso de notas promissórias, faturas, cheques) encontram-se impressos em formulários padronizados para preenchimento dos espaços em branco, bastando apenas alguns modelos de TOs para observação; (b) nos livros "Registro de Traduções" só excepcionalmente são anexados os TOs; e (c) os tradutores juramentados, em geral, não costumam guardar os TOs. Por essa razão, para proceder à compilação dos corpora comparáveis de TOs na L1, no caso do português, os TOs podem ser obtidos por meio de pesquisa via Internet ou por cópias xerográficas de formulários, modelos ou documentos de mesma natureza encontrados em material bibliográfico especializado em Direito Comercial, Direito Civil,

Contabilidade e áreas afins. Quanto aos corpora comparáveis de TOs na L2, no caso do inglês por exemplo, a compilação pode ser realizada de modo análogo aos procedimentos para a L1. Esse tipo de corpus oferece as mesmas vantagens apresentadas para o corpus comparável de textos especializados.

Dessa forma, a compilação de textos descrita acima permite iniciar a construção de bases de dados textuais para o estudo de TTs literários, especializados e juramentados para o português e para outras línguas, bem como para o estudo de TOs de mesma natureza.

No tocante ao *uso de corpora de referência*, pode-se, por exemplo, em relação aos corpora de estudo de TTs na direção português (L1) → inglês (L2), proceder à utilização do Banco de Português − BP ou do Lácio-Ref para contraste na L1; e ao emprego do British National Corpus − BNC para contraste na L2. Caso o pesquisador tenha acesso ao TEC, ainda para contraste com o subcorpus de estudo de TTs para o inglês, poderia ser usado esse corpus de referência.

É importante enfatizar que os corpora gerais podem, também, ser usados como fonte de criação de corpora comparáveis; todavia, para uma maior representatividade, recomenda-se a compilação feita como descrita acima. Dado que, nos corpora gerais, costuma ser pequena a quantidade de textos de uma variedade ou domínio específicos, "os corpora construídos por pesquisadores individualmente acabam sendo, em geral, mais representativos do que os respectivos subcorpora dos corpora gerais" (BERBER SARDINHA, 2004, p. 28).

4.2 Procedimentos para pesquisas em tradução

Os passos metodológicos para a aplicação da proposta de Baker (1993, 1995, 1996) encontram-se detalhados abaixo, e destinam-se ao desenvolvimento de análises a serem efetuadas semi-automaticamente. A fim de chegar a diferentes possibilidades de observação também estão indicados os procedimentos que consideramos mais adequados para pesquisas sobre tradução de textos literários (*TLits*), de textos especializados (*TEsps*) e de textos traduzidos no modo juramentado (*TJurs*).

Desse modo, para o desenvolvimento das análises assistidas por computador utilizamos o programa computacional WordSmith Tools, versão 4, composto de três ferramentas: WordList (propicia a criação de listas de palavras individuais); KeyWord (permite a seleção de itens de uma lista ou listas de palavras individuais por meio da comparação de suas freqüências com uma lista de referências); e Concord (produz concordâncias ou listagens das ocorrências de uma palavra de busca ou nódulo, juntamente com o cotexto). A apresentação dos passos baseia-se na seqüência de utilização das três ferramentas.

Inicialmente, usamos a primeira ferramenta: WordList para os seguintes procedimentos (P)[19]:

Pesquisas em TLits, TEsps e TJurs:

(P.1) São geradas listas de palavras individuais por ordem de freqüência e alfabética, ao longo de cada TT literário, especializado e juramentado, bem como de cada subcorpora de estudo de TTs.

(P.2) São geradas, por meio de listas de estatísticas, a razão forma/item (FI: *type/token ratio*) e a razão forma/item padronizada (*standardised type/token*) apropriada para investigação em textos de tamanhos diferentes. Para a razão FI, são contadas todas as palavras corridas (itens: *running words* ou *tokens*) num texto ou corpus, e cada forma (vocábulo: *type*) é

---

[19] Para uma exemplificação e melhor visualização dos Procedimentos de 1 a 10, executados com a ferramenta WordList, queira retornar às Figuras 1-8, do Capítulo 3.

contada apenas uma vez[20]. O programa divide o total de formas pelo total de itens dividido por cem. Já a forma padronizada calcula FI em intervalos regulares, ou seja, faz este mesmo cálculo por partes do texto e, depois, tira a média dos valores FI entre os vários trechos.

Pesquisas em TLits e TEsps:

(P.3) *Para pesquisas com subcorpora de estudo paralelos*: São geradas, de modo análogo aos (P.1) e (P.2), listas de palavras individuais e de estatísticas para cada respectivo TO literário ou especializado, bem como para cada respectivo subcorpora de estudo de TOs.

Pesquisas em TLits, TEsps e TJurs:

(P.4) *Para pesquisas na direção português → inglês*: A partir da lista de estatísticas dos subcorpora de estudo de TTs literários, especializados e juramentados (P.1), para o inglês, são comparados os respectivos valores para a razão forma/item padronizada em relação aos valores apresentados pelo corpus de referência BNC (e TEC, caso o pesquisador tenha acesso a esse corpus). Para estudos em outras direções tradutórias, o pesquisador irá valer-se de corpora de referência envolvendo o par lingüístico em questão.

(P.5) *Para pesquisas na direção inglês → português*: A partir da lista de estatísticas dos subcorpora de estudo de TTs literários, especializados e juramentados (P.1), para o português, são comparados os respectivos valores para a razão forma/item padronizada em relação aos valores apresentados pelos corpora de referência Lácio-Ref ou BP.

(P.6) *Para pesquisas com subcorpora de estudo paralelos*: A partir da lista de estatísticas dos respectivos subcorpora de estudo

---

[20] Por exemplo, o fragmento: *As the minute hand moves, the hour hand also moves correspondingly* contém 11 palavras (ocorrências: *tokens*), mas somente 8 vocábulos (formas: *types*), porquanto há 2 ocorrências para as formas: *the, hand* e *moves*.

de TOs literários e de TOs especializados (P.3), são comparados os respectivos valores para a razão forma/item padronizada em relação aos valores apresentados pelos corpora de referência na língua em questão.

Pesquisas em TEsps e TJurs:

(P.7) A partir das listas obtidas em (P.1), são levantados os termos de maior freqüência nos corpora de estudo. Geralmente, costuma-se levantar os termos de base substantival, excluindo-se as outras palavras.

(P.8) São processadas listas de palavras individuais para os corpora comparáveis na L1 (português, por exemplo) e na L2 (inglês, por exemplo).

(P.9) De modo análogo ao (P.7), são levantados, a partir das listas obtidas em (P.8), os termos de maior freqüência, respectivamente, nos corpora comparáveis de TOs de mesma natureza escritos em português e em inglês.

(P.10) A partir dos termos de maior freqüência nos corpora de estudo (P.8), podemos buscar os possíveis candidatos a equivalentes funcionais nas listas obtidas nos corpora comparáveis de TOs escritos em português e em inglês (P.9).

Por sua vez, são realizados os seguintes procedimentos com a segunda ferramenta: KeyWords[21]:

Pesquisas em TEsps e TJurs:

(P.11) A partir das listas de freqüência de palavras dos corpora de estudo (P.1), são geradas listas de palavras-chave em relação à lista de palavras do corpus de referência na língua em questão. Desse modo, são processadas listas de palavras cujas freqüências nos corpora de estudo mostram-se significativamente maiores

---

[21]Analogamente, para uma exemplificação e melhor visualização dos Procedimentos de 11 a 12, executados com a ferramenta KewWords, queira retornar às Figuras 9-11, do Capítulo 3.

segundo o resultado da prova estatística *log-likelihood* (cálculo estatístico selecionado automaticamente pelo WordSmith Tools).

(P.12) Em relação à lista dos corpora comparáveis, é extraída, de modo análogo ao (P.11), a lista de palavras-chave a partir das listas geradas em (P.7).

Para dar prosseguimento às análises assistidas por computador, empregamos a terceira ferramenta: Concord, para os seguintes (P)[22]:

Pesquisas em TLits, TEsps e TJurs:

(P.13) São produzidas listagens de concordâncias para os vocábulos ou termos (nódulos) selecionados, acompanhados do seu cotexto, respectivamente, no subcorpus de estudo de TTs literários (a partir das listas de palavras extraídas em P.1-2), e nos corpora de estudo de TTs especializados ou juramentados (a partir das palavras-chave de maiores valores na coluna de chavicidade (*Keyness*), extraídas em P.11-12).

Pesquisas em TEsps e TJurs:

(P.14) São geradas listas de colocados para observar as palavras que ocorrem em posições determinadas à esquerda e à direita dos termos ou nódulos selecionados, a fim de identificar, respectivamente, os colocados mais recorrentes dos corpora de estudo de TTs especializados ou juramentados.

(P.15) Para verificar o grau de associação entre os colocados e os termos ou nódulos selecionados, podem ser empregados testes de associação: razão observado/esperado (O/E), Informação Mútua (I: *Mutual Information*), e escore-T (T: *T-Score*). Essas medidas estatísticas indicam se as palavras ao redor dos nódulos são coocorrências espúrias (a serem descartadas) ou formam colocações (conjunto de colocados associados aos respectivos

---

[22] De maneira similar, para uma ex emplificação e melhor visualização dos Procedimentos de 12 a 16, executados com a ferramenta Concord, queira retornar às Figuras 14-19, do Capítulo 3.

nódulos). Para esses testes, pode-se utilizar a planilha Excel ou a calculadora *on-line* das estatísticas O/E, I e T, disponibilizada em <http://lael.pucsp.br/corpora/association/calc.htm>. Desse modo, são selecionados os colocados que apresentaram valores aceitáveis de O/E, de I (mínimo aceitável =3), e de T (mínimo aceitável = 2) em uma janela 5:5 (5 palavras de cada lado do nódulo).

(P.16) Podem ser efetuadas listas de agrupamentos lexicais (*clusters*) nos corpora de estudo de TTs especializados e juramentados, para observar a freqüência de expressões fixas e combinações recorrentes associadas, respectivamente, aos nódulos selecionados, obtidas em (P.15).

Pesquisas em TJurs:

(P.17) Também podem ser realizadas a busca e a identificação de unidades fraseológicas incluindo o nódulo selecionado no corpus de estudo de TTs juramentados.

(P.18) Ainda podem ser realizadas, a partir das unidades fraseológicas incluindo o nódulo selecionado (P.17), a busca e a identificação de possíveis candidatos a equivalentes funcionais de unidades fraseológicas incluindo o nódulo selecionado no corpus comparável de TOs de mesma natureza na L2.

Ainda para *Pesquisas em TLits e TEsps*, podemos recorrer ao programa Multiconcord[23], por ser um software com as funções de alinhador de parágrafos e de concordanceador paralelo multilíngüe:

---

[23]O projeto para a criação do programa MultiConcord: the Lingua Multilingual Parallel Concordancer for Windows foi desenvolvido por David Woolls, Universidade de Birmingham, Inglaterra, e teve apoio do centro Língua/Sócrates, União Européia. Opera nos idiomas alemão, dinamarquês, espanhol, francês, grego, inglês, italiano, português e sueco.

Pesquisas em TLits e TEsps:

(P.19) Após o (P.13), podemos proceder ao alinhamento de sentenças ou parágrafos selecionados dos respectivos subcorpora de estudo de TTs/TOs literários e de TTs/TOs especializados.

A respeito dos passos acima descritos, encontram apoio, nos respectivos estudos de cinco autores envolvendo corpus, os seguintes procedimentos:

• os (P. 1, 2, 4, 5, 6, 13, 16 e 19) em investigações de Baker (1993, 1995, 1996, 2000, 2004) e de Laviosa (2002) voltadas para os estudos da tradução baseados em corpus;

• os (P. 3, 4, 5, 6, 7, 9, 10, 11, 12, 14, 15 e 16) em pesquisas de Berber Sardinha (1997, 2004) apoiadas na lingüística de corpus;

• o (P.8) em estudo de Tognini-Bonelli (2001) fundamentado na lingüística de corpus; e

• os (P. 17 e 18) em trabalho de Bevilacqua (2001) baseado na Terminologia.

No que tange a motivações que permitiriam levar a uma discussão mais completa e abrangente dos resultados, os (P.1) e (P.2) acima são efetuados por meio da WordList para permitir análises intratextual e intrasubcorpus de TTs literários, especializados e juramentados, de modo a observar uma maior/menor recorrência de vocábulos (formas) em cada TT individualmente, por tradutor e por subcorpus de estudo de TTs. Também os (P.1) e (P.2) são realizados para possibilitar comparações intertextuais de cada subcorpus de TTs literários, de TTs especializados, de TTs juramentados, bem como comparações intersubcorpora de estudo.

O (P.3), aplicado aos corpora de estudo (paralelos) de textos literários e de textos especializados, é realizado para proceder ao exame de cada TT em relação ao respectivo TO, bem como proceder a análises intertextuais TT/TO e intracorpus, a fim de examinar padrões de maior riqueza vocabular ou maior repetição de vocábulos por parte de cada tradutor.

O (P.4) é realizado para obter um parâmetro da linguagem presente nos subcorpora de estudo em inglês de TTs literários, de TTs especializados e de TTs juramentados em relação à linguagem empregada em textos representados no BNC (e no TEC, se o pesquisador tiver acesso a esse corpus). É efetuado o (P.5) para ter-se um parâmetro da linguagem encontrada nos subcorpora de estudo em português de TTs literários, de TTs especializados e de TTs juramentados em relação à linguagem empregada em textos representados no Lácio-Ref ou no BP. Analogamente aos (P.4) e (P.5), o (P.6) é aplicado aos subcorpora de estudo em português de TOs literários e de TOs especializados para possibilitar o exame da variação vocabular e comparar com os padrões de escolha de vocábulos por parte dos autores em estudo.

Os (P.7) a (P.10) são realizados para possibilitar o exame de similaridades e diferenças no uso dos vocábulos, em geral referentes à classe dos substantivos, encontrados com maior freqüência nos corpora de estudo. Como mencionado anteriormente, dada a impossibilidade de se construírem corpora com os respectivos TOs para o estudo da tradução juramentada, o exame dos corpora de estudo é feito em relação a documentos de mesma natureza dos corpora comparáveis nas L1 e L2. Dessa maneira, além dos resultados obtidos com a extração semi-automática dos dados, as análises baseiam-se na experiência do pesquisador e também em material de apoio, constituído de dicionários, gramáticas e outras obras de referência (TOGNINI-BONELLI, 2001, p. 134).

Os (P.11) e (P.12) são efetuados por meio da ferramenta KeyWords para levantar os vocábulos que poderiam ser considerados palavras-chave (estatisticamente significantes quanto à chavicidade) nos corpora de estudo em relação, respectivamente, ao corpus de referência da língua em questão.

O (P.13) foi efetuado, por meio da ferramenta Concord, para observar o uso de expressões fixas nos corpora de estudo. Por seu turno, os (P.14) a (P.18) foram realizados para examinar padrões lexicais recorrentes, expressões fixas e unidades fraseológicas, e verificar o seu grau de associação com os nódulos selecionados.

Outrossim, os procedimentos acima são efetuados para possibilitar, com maior sistematicidade e abrangência, a identificação de padrões de comportamento lingüístico dos respectivos tradutores. Também podem ser realizadas observações de freqüências mais altas ou mais baixas para identificar traços de simplificação ou de explicitação (BAKER, 1996) nos respectivos TTs.

Por sua vez, os alinhamentos no (P.19) são realizados para facilitar a visualização e o exame de sentenças e parágrafos dos subcorpora de TTs para o português ou para o inglês em relação aos seus subcorpora de TOs, a fim de analisar similaridades e diferenças entre os padrões de escolha de palavras por parte dos tradutores representados, respectivamente, nos corpora de estudo.

Quanto à consulta a dicionários e glossários especializados, monolíngües e bilíngües, é importante ressaltar que, além dos dados estatísticos, a relevância semântica constitui um dos critérios para o exame do conjunto léxico, a fim de verificar convergências e divergências de sentido dos vocábulos e expressões fixas encontrados nos TTs em relação aos possíveis equivalentes funcionais nos TOs.

Desta feita, por meio dos procedimentos acima, é possível levantar elementos para efetuar um estudo que permite identificar padrões estilísticos individuais, próprios, preferenciais, recorrentes e distintivos dos tradutores literários, dos tradutores técnicos e dos tradutores juramentados, selecionados para análise. Também é possível obter elementos que permitem observar o uso de padrões lexicais, a fim de identificar aproximações e distanciamentos que evidenciem características da tradução literária, da tradução especializada e da tradução juramentada.

A TRADUÇÃO E A LINGÜÍSTICA DE CORPUS

Foi feita, nos capítulos anteriores, uma apresentação que ilustra como é possível e desejável fazer pesquisas em corpora de tradução de textos literários, técnicos ou especializados, e juramentados, tendo por arcabouço teórico-metodológico os estudos da tradução baseados em corpus (BAKER, 1993, 1995, 1996, 2004) e formas de análise da lingüística de corpus (BERBER SARDINHA, 2004), além do auxílio das ferramentas do programa de computador WordSmith Tools.

A realização de pesquisas com base na abordagem interdisciplinar proposta neste trabalho só se tornou possível devido ao avanço da informática nas últimas décadas, porquanto, para lidar com corpus de muitas palavras, precisamos da ajuda do computador para ler todos os TTs e TOs na íntegra e para analisar todo o corpus com confiabilidade.

A esse respeito, Berber Sardinha (2006) ressalta que o cérebro humano não foi feito para tarefas tediosas como contar palavras, procurar palavras e combinações de palavras, nem tampouco somos capazes de prever o que o corpus contém. Por seu turno, Baker (1999) advoga que o progresso da informática e o emprego de uma metodologia adequada possibilitaram descobrir aspectos da linguagem da tradução como nunca feito antes, e permitiu contestarmos mitos e verdades estabelecidas sobre teorias da tradução.

O exame da natureza da tradução *per se* e o estudo de suas características consoante o tipo de texto são relevantes para a disciplina dos estudos da tradução. Sem deixar de lado o impacto em potencial dos respectivos textos originais na alta freqüência de aspectos específicos encontrados nos TTs, também a identificação de padrões estilísticos próprios, individuais, distintivos, preferenciais e recorrentes dos tradutores pode desempenhar um papel importante na determinação da freqüência do uso de características da linguagem da tradução. Por isso, tais investigações são importantes para tradutores, professores, alunos de tradução e analistas de língua com interesse nessa área.

O estudo da tradução por meio da lingüística de corpus tem-se tornado uma das linhas de pesquisa mais atuantes. Há várias investigações que enfatizam a importância da análise de corpus eletrônico para se tratar de questões como a simplificação, a explicitação, a normalização, a estabilização e a criatividade.

Integrantes do projeto de pesquisa *PETra,* coordenado por Camargo (2004), na UNESP/IBILCE, vêm desenvolvendo pesquisas que buscam identificar o estilo dos tradutores e características da tradução literária, especializada e juramentada. Dentre as dissertações de mestrado que podem fornecer subsídios para estudos futuros, podemos destacar as defendidas recentemente (com exemplar disponível na biblioteca do Instituto) ou em andamento por:

- Bonalumi (2006): *Análise de similaridades e diferenças no uso de marcadores de reformulação e padrões lexicais em Family Ties, The Apple in the Dark e Soulstorm, de Clarice Lispector, e The Red House, de Lia Luft*
- Lima (2005): *A tradução e os prazeres de descobrir o mundo de Clarice Lispector*
- Paiva (2006): *Análise de um corpus constituído de textos da área médica na direção português-inglês*
- Ribeiro (2006): *Um estudo de marcadores culturais da obra traduzida An Invincible Memory pelo autotradutor João Ubaldo Ribeiro*
- Rocha (2007). *Tradução juramentada de contratos de compra e venda: Uma análise do uso de termos simples, expressões fixas e semifixas na direção inglês/português*
- Validório (2006): *Análise de marcadores culturais em duas obras de Jorge Amado, traduzidas por Gregory Rabassa.*

Quanto à sua aplicabilidade fora do espaço acadêmico, o uso de corpus pode ser de grande utilidade na prática profissional. Para o tradutor, os corpora podem auxiliar a fazer pesquisa para escolher palavras, expressões e fraseologias mais apropriadas, de acordo com o gênero textual, bem como para obter informações, a fim de melhor embasar a sua produção de traduções. Por sua vez, para o professor a pesquisa com corpus pode ajudá-lo na seleção de textos e produção de materiais para o ensino de línguas, bem como na identificação de plágio em redações. Para o lexicólogo e terminólogo, o uso de corpora tornou-se essencial para a criação e a análise de dicionários.

Quanto à importância do uso de ferramentas de busca na pesquisa em corpus de tradução, elas podem contribuir para o tradutor ficar mais consciente, aprimorar seus conhecimentos das línguas de partida e de chegada, melhorando seu desempenho e produzindo traduções mais consistentes.

Desta feita, com o presente trabalho espera-se ter colaborado para um maior entendimento e aproveitamento do potencial das ferramentas do WordSmith Tools, uma vez que o programa disponibiliza uma técnica valiosa de análise do texto traduzido e do seu conjunto léxico. Também, acredita-se que este trabalho possa ter contribuído positivamente para preencher, pelo menos em parte, uma lacuna importante no conhecimento e na aplicação de procedimentos de pesquisas em tradução baseadas em corpora de tradução literária, especializada e juramentada.

REFERÊNCIAS BIBLIOGRÁFICAS

BAKER, M. *In other words:* a coursebook on translation. London: Routledge, 1992.

_____. Corpus linguistics and translation studies: implications and applications. In: BAKER, M.; FRANCIS, G.; TOGNINI-BONELLI, E. (Ed.). *Text and technology:* in honour of John Sinclair. Amsterdam: John Benjamins, 1993. p. 233-250.

_____. Corpora in translation studies: an overview and some suggestions for future research. *Target*, v. 7, n. 2, p. 223-243, 1995.

_____. Corpus-based translation studies: the challenges that lie ahead In: SOMERS, H. (Ed.). *Terminology, LSP and translation studies in language engineering*: in honour of Juan C. Sager. Amsterdam: John Benjamins, 1996. p. 175-186.

_____. Lingüística e estudos culturais: paradigmas complementares ou antagônicos nos estudos da tradução? In: MARTINS, M. A. P. (Org.). *Tradução e multidisciplinaridade*. Rio de Janeiro: Lucerna, 1999. p.15-34.

_____. Towards a methodology for investigating the style of a literary translator. *Target*. v. 12, n. 2, p. 241-266, 2000.

_____. A corpus-based view of similarity and difference in translation. In: ARDUINI, S.; HODGSON, R. (Ed.) *Translating similarity and difference.* Manchester: St. Jerome, 2004.

BARBOSA, M. A. Considerações sobre a estrutura e funções da obra lexicográfica: metodologia, tecnologia e condições de produção. In: COLÓQUIO DE LEXICOLOGIA E LEXICOGRAFIA, 1990, Lisboa. *Actas...* Lisboa: Universidade Nova de Lisboa, 1990. p. 229-241.

BARROS, L. A. *Curso básico de terminologia*. São Paulo: EDUSP, 2004.

BERBER SARDINHA, A. P. Patterns of lexis in original and translated business reports: textual differences and similarities. In: SIMMS, K. *Translating sensitive texts*: linguistic aspects. Amsterdam: Rodopi, 1997. p. 147-153.

_____. Lingüística de corpus: histórico e problemática. *D.E.L.T.A.,* v. 16, n. 2, p. 323-367, 2000.

_____. Corpora eletrônicos na pesquisa em tradução. *Cadernos de Tradução*, v. 2002, n.1, p.15-59, 2002.

_____. *Lingüística de corpus*. São Paulo: Manole, 2004.

_____. Lingüística de corpus e lingüística computacional: contribuições para os estudos lingüísticos. In: SEMINÁRIO DE ESTUDOS LINGÜÍSTICOS, 6., 2006, São José do Rio Preto. Comunicação oral.

BEVILACQUA, C. R. Do domínio jurídico-ambiental: proposta de critérios para seleção e tratamento de unidades fraseológicas. In KRIEGER, M. G.; MACIEL, A. M. B. (Org.) *Temas da terminologia*. Porto Alegre: UFRGS; São Paulo: Humanitas, 2001.

BONALUMI, E. F. *Análise de similaridades e diferenças no uso de marcadores de reformulação e padrões lexicais em Family Ties, The Apple in the Dark e Soulstorm, de Clarice Lispector, e The Red House, de Lia Luft*. 2006. 181 f. Dissertação (Mestrado em Estudos da Tradução) – Instituto de Biociências, Letras e Ciências Exatas, Universidade Estadual Paulista, São José do Rio Preto, 2006.

CAMARGO, D. C. *Padrões de estilo de tradutores – PETra*: investigação em corpora de traduções literárias, especializadas e juramentadas. In: _____. Projeto de pesquisa apresentado como requisito parcial para aprovação do Plano Trienal para 2004-2006. São José do Rio Preto: IBILCE, 2004. Não publicado.

_____. *Padrões de estilo de tradutores*: um estudo de semelhanças e diferenças em corpora de traduções literárias, especializadas e juramentadas. 2005. 512 f. Tese (Livre-Docência em Estudos da Tradução) – Instituto de Biociências, Letras e Ciências Exatas, Universidade Estadual Paulista, São José do Rio Preto, 2005.

CATFORD, J. C. *A linguistic theory of translation*. London: Oxford University Press, 1969.

_____. *Uma teoria lingüística da tradução*. Tradução Centro de Especialização de Tradutores de Inglês, do Instituto de Letras da PUC/Camp. São Paulo: Cultrix; Campinas: PUC/Camp., 1980.

HALLIDAY, M. A. K. Language as system and language as instance: the corpus as a theoretical construct. In: NOBEL SYMPOSIUM, 82., 1991, Stockholm. SVARTIVICK, J. (Org.) *Directions in corpus linguistics*: proceedings of Stockholm. Berlim: De Gruyter, 1992. p. 61-78.

_____. *An introduction to functional grammar*. 2. ed. London: Arnold, 1994.

HUNSTON, S; FRANCIS, G. *Pattern grammar:* a corpus-driven approach to the lexical grammar of English. Amsterdam: John Benjamins, 2000.

LAVIOSA, S. *Corpus-based translation studies:* theory, findings, applications. Amsterdam: Rodopi. 2002.

LIMA, T. C. S. *A tradução e os prazeres de descobrir o mundo de Clarice Lispector.* 2005. 210 f. Dissertação (Mestrado em Estudos da Tradução) –

Instituto de Biociências, Letras e Ciências Exatas, Universidade Estadual Paulista, São José do Rio Preto, 2005.

MARCUSCHI, L. A. Um corpus lingüístico para a análise de processos na relação fala e escrita. In: InPLA – Intercâmbio de pesquisas em lingüística aplicada, 11., 2001, São Paulo. *Estudos da linguagem e outras áreas do conhecimento*. São Paulo: PUC, 2001, v. 1, p. 37-38.

PAIVA, P. T. P. *Análise de um corpus constituído de textos da área médica na direção português-inglês*. 2006. 224 f. Dissertação (Mestrado em Estudos da Tradução) – Instituto de Biociências, Letras e Ciências Exatas, Universidade Estadual Paulista, São José do Rio Preto, 2006.

RIBEIRO, E. L. P. *Um estudo de marcadores culturais da obra traduzida An Invincible Memory pelo autotradutor João Ubaldo Ribeiro*. 2006. 155 f. Dissertação (Mestrado em Estudos da Tradução) – Instituto de Biociências, Letras e Ciências Exatas, Universidade Estadual Paulista, São José do Rio Preto, 2006.

ROCHA, C. F. *Tradução juramentada de contratos de compra e venda*: uma análise do uso de termos simples, expressões fixas e semifixas na direção inglês/português. 2007. Dissertação (Mestrado em Estudos da Tradução) – Instituto de Biociências, Letras e Ciências Exatas, Universidade Estadual Paulista, São José do Rio Preto, 2007.

SÁNCHEZ, A. Definición e historia de los corpus. In: SANCHEZ, A. et al. (Org.) CUMBRE: corpus linguistico de Español contemporaneo. Madri: SGEL, 1995. p. 7-24.

SINCLAIR, J. McH. *Looking up*: An account of the Cobuild project in lexical computing and the development of the Collins Cobuild English language dictionary. London: Collins, 1987.

_____. *Corpus, concordance, collocation*. Hong Kong: Oxford University Press, 1991.

_____. Priorities in discourse analysis. In COULTHARD, M. (Ed.) *Advances in spoken discourse analysis*. London: Routledge, 1992.

TOGNINI-BONELLI, E. *Corpus linguistics at work*. Amsterdam: John Benjamins. 2001.

VALIDÓRIO, V. C. *Análise de marcadores culturais em duas obras de Jorge Amado, traduzidas por Gregory Rabassa*. 2006. 181 f. Dissertação (Mestrado em Estudos da Tradução) – Instituto de Biociências, Letras e Ciências Exatas, Universidade Estadual Paulista, São José do Rio Preto, 2006.

VENUTI, L. (Org.). *The translation studies reader*. London: Routledge, 2000.